궁금한 건 못 참는 어린이 과학 바다

글 해바라기 기획 · 그림 김진호

♬초록빛 바닷물에 두 손을 담그면~
초록빛 바닷물에 두 손을 담그면~
물결이 살랑 어루만져요. 물결이 살랑 어루만져요♪

바다를 바라보면 노래가 절로 나올 만큼 아름다워요. 하지만 바다는 살랑살랑 파도가 칠 때도 있지만, 어떤 때는 미친 듯이 거센 파도를 몰고 와 해안가의 집들을 파도로 덮치기도 해요. 또 어떤 때는 바다 위에 떠 있는 고기잡이배를 거친 풍랑 속으로 끌어들이기도 하고요.

그렇다고 바다가 무조건 우리를 괴롭히는 심술쟁이만은 아니에요. 맛있고 영양분이 풍부한 생선을 비롯하여 조개, 새우, 꽃게와 같은 어패류를 주고 김, 미역, 다시마, 파래와 같은 해조류를 주기도 하니까요. 그뿐만이 아니에요. 바다 깊은 곳에는 석유를 비롯하여 금과 같은 광물질도 들어 있답니다. 그야말로 바

다는 보물 창고이지요.
하지만 우리는 바다에 대해 얼마나 알고 있을까요? 그저 파도가 넘실대고 배가 다니는 곳으로만 알고 있지는 않나요?
만약 어린이 여러분이 바다에 관심을 가지고 더 많은 것을 알고 싶다면 이 책을 펴 보세요. 바다가 언제 어떻게 생겼는지부터 바다를 왜 아끼고 보전해야 하는지까지 알기 쉽게 풀어놓았답니다. 자, 준비되었나요? 뱃고동을 울리며 출발~!

I 바다 이야기

01 바다가 꼭 필요한가요? · 14
02. 바다는 처음에 어떻게 생겨났나요? · 16
03. 바다는 얼마나 넓은가요? · 18
04. 바다의 깊이도 잴 수 있나요? · 20
05. 세계에서 가장 깊은 바다는 어디인가요? · 22
06. 바닷물은 왜 짤까요? · 24
07. 맨 처음 바닷물도 짰을까요? · 26
08. 바닷물은 왜 마시면 안 되나요? · 28
09. 세계에서 가장 짠 바다는 어디인가요? · 30
10. 바닷속은 편평한가요? · 32
11. 바닷물은 왜 파래요? · 34
12. 파도는 왜 생기나요? · 36
13. 밀물과 썰물은 왜 생기나요? · 38
14. 해류가 뭐예요? · 40
15. 해류와 기후는 어떤 관계가 있나요? · 42
16. 세계에서 가장 넓은 바다는 어디인가요? · 44
17. 갯벌도 중요한가요? · 46
18. 바다 이름에 붙는 '~양'과 '~해'는 어떤 차이가 있나요? · 48
19. 흑해, 홍해, 황해, 백해라는 이름은 왜 생겼나요? · 50

20. 바닷물도 어나요? · 52
21. 만과 곶이 뭐예요? · 54
22. 바대륙붕이 뭐예요? · 56
23. 바다 밑에도 산맥이 있나요? · 58
24. 바닷속에 산이 잠겨 있다는 게 사실인가요? · 60
25. 바다에서 전기를 얻을 수 있나요? · 62
26. 바다에도 길이 있나요? · 64
27. 바닷길을 나타낸 지도가 있나요? · 66
28. 어떻게 바다 한가운데 섬이 생기나요? · 68
29. 사람은 어느 정도나 바다 깊이 들어갈 수 있나요? · 70
30. 바다에서 찾은 보물은 아무나 가져도 되나요? · 72

Ⅱ 신기한 바다 생물

31 물고기도 암수가 있나요? · 76
32. 플랑크톤이 뭐예요? · 78
33. 바다 생물은 무엇을 먹고 사나요? · 80
34. 심해어는 어떻게 깊은 바닷속에서 살 수 있나요? · 82
35. 깊은 바다 밑바닥에는 어떤 생물이 살고 있나요? · 84
36. 깊은 바닷속 생물은 무엇을 먹고 사나요? · 86
37. 물고기의 특징은 뭔가요? · 88

38. 바다 생물은 물속에서 어떻게 숨을 쉬나요? · 90
39. 산호초는 동물이라고요? · 92
40. 물고기는 언제부터 바다에서 살기 시작했나요? · 94
41. 물고기는 모두 비늘이 있나요? · 96
42. 물고기는 어떻게 번식을 하나요? · 98
43. 물고기는 왜 떼를 지어 다니나요? · 100
44. 뼈가 없는 바다 생물은 무엇인가요? · 102
45. 피부가 가시로 된 바다 생물도 있나요? · 104
46. 껍데기가 딱딱한 바다 생물은 무엇인가요? · 106
47. 바다 생물은 어떻게 수압을 견디나요? · 108
48. 심해어들은 왜 빛을 내나요? · 110
49. 바닷속에서 사는 식물도 있나요? · 112
50. 갯벌에는 어떤 생물이 살고 있나요? · 114
51. 새끼를 낳는 바다 식물도 있나요? · 116
52. 물고기도 잠을 자나요? · 118
53. 바다 생물 중에서 새끼를 낳는 것도 있나요? · 120
54. 연어는 왜 자신이 태어난 곳으로 돌아오나요? · 122
55. 고등어는 왜 등이 파란가요? · 124
56. 고래는 왜 물을 뿜나요? · 126

Ⅲ 알쏭달쏭 바다

57. 바다를 탐험하기 시작한 것은 언제인가요? · 130
58. 바다 생물들이 멸종 위기에 놓인 이유는 무엇인가요? · 132
59. 잠수정이 뭐예요? · 134
60. 잠수병이 뭐예요? · 136
61. 깊은 바다에 들어갈 때 왜 잠수복을 입나요? · 138
62. 잠수를 오래하면 왜 어지러운가요? · 140
63. 바다를 항해할 때 필요한 것은 무엇인가요? · 142
64. 바다를 탐사할 때 필요한 것은 무엇인가요? · 144
65. 바다에서 나는 자원은 어떤 것이 있나요? · 146
66. 바다에서 나는 물질 중 가장 중요한 것은 뭔가요? · 148
67. 발자국을 남기는 바다 생물은 무엇인가요? · 150
68. 세상에서 눈이 제일 큰 동물은 무엇인가요? · 152
69. 어떻게 바다에서 석유가 나오나요? · 154
70. 바다는 어느 나라나 가질 수 있나요? 156
71. 공장의 폐수가 바다로 들어가면 왜 안 되나요? · 158
72. 바다에 잠기는 섬이 있다고요? · 160
73. 비가 많이 오는데 왜 바닷물은 넘치지 않나요? · 162
74. 적조가 뭐예요? · 164
75. 남극의 얼음이 모두 녹으면 어떻게 되나요? · 166
76. 쓰나미가 뭐예요? · 168
77. 엘니뇨는 뭐고 라니냐는 뭐예요? · 170

I 바다 이야기

바다는 왜 있나요?
바다가 없으면 안 되나요?
지구를 이루는 바다에 관한
궁금증을 풀어 보아요

01 바다가 꼭 필요한가요?

지구에 바다가 없다면 우리는 살 수 없어요.
바다는 지구의 기온을 조절하는 큰일을 하고 있거든요.
바다는 여름에 태양열을 저장했다가 겨울에 내보내 기온을
조절해요. 또 열대 지방의 열을 북극과 남극의 극지방으로
보내 열대 지방의 열을 식히고 극지방은 따뜻하게 해요.
그리하여 지구의 기온이 알맞게 유지되도록 하지요.
또 바다는 많은 수증기를 증발시켜 공기 중으로 올라간
수증기가 비나 눈, 우박이 되어 내리도록 해요.
그래서 육지가 건조한 사막이 되지 않도록 해 주어요.
그뿐만이 아니에요. 바다에는 물고기와 해조류 등 많은 식량
자원이 있고, 석유와 천연가스 등의 에너지와 광물이 숨어
있어요. 한마디로 바다는 보물 창고랍니다.

02 바다는 처음에 어떻게 생겨났나요?

바다가 생겨난 것을 알려면 먼저 지구가 언제 생겼는지 알아야 해요. 지구가 생긴 것은 지금으로부터 46억 년 전이에요. 태양 주위에는 많은 먼지와 가스가 빙빙 돌고 있었는데, 이들이 서로 부딪치면서 서로 엉겨 붙기 시작했어요. 점점 커진 덩어리는 태양 주위를 도는 행성이 되었지요. 바로 수성, 금성, 지구, 화성, 목성, 토성, 천왕성, 해왕성 등이랍니다. 처음 지구가 만들어졌을 때 바다는 아직 생기지 않았어요. 지구는 커다란 암석 덩어리였고 표면은 이산화탄소로 둘러싸여 있었지요. 44억 년 전부터 지구의 중심부는 암석도 녹일 정도로 무척 뜨거워졌어요. 그리하여 지구의 중심은 암석이 녹은 시뻘건 마그마 상태였지요. 그러다 화산이 폭발하여 용암과 함께 가스와 수증기가 솟구쳐 나왔어요. 화산이 폭발하자 지구는 식기 시작했고, 식은 수증기는 구름이 되었고

마침내 비가 되어 내렸어요. 그러나 지구 표면의 온도가 아직도 뜨겁기 때문에 비는 내리자마자 다시 수증기가 되었어요. 수증기는 하늘로 올라가 구름이 되었다가 비가 되어 내렸지요. 이러한 과정은 수천 년 동안 되풀이되었어요. 비는 육지의 움푹 파인 곳에 고이고 고였어요. 이렇게 비가 고이고 고여 생긴 것이 바다랍니다.

03 바다는 얼마나 넓은가요?

지구에서 바다가 차지하는 부분이 얼마나 되는지 알고 싶다고요? 그럼 얼른 지구본을 보세요. 지구본을 보면 둥근 지구 전체가 거의 바다로 이루어져 있고 대륙(땅)은 바다에 떠 있는 것처럼 보일 거예요. **바다는 지구의 4분의 3인 약 71퍼센트를 차지하고 있어요.** 넓이는 대륙의 2.42배로 약 3억 6,100만 제곱킬로미터나 된답니다. 지구에 있는 물의 97퍼센트가 바닷물인 셈이지요. 나머지 2퍼센트는 짜지 않은 물이고, 나머지 1퍼센트의 물은 땅속에 흐르고 있어요. 지구에 있는 바다는 크게 세 개로 나눌 수 있어요. 태평양, 대서양, 인도양이에요. 여기에 태평양, 대서양, 인도양이 만나는 곳인 남빙양(남극해)과 대서양의 일부인 북빙양(북극해)이 있답니다.

조금 더 알기!

세계에서 가장 큰 바다는 태평양이에요. 태평양은 다른 바다들을 합한 것보다도 더 넓답니다.

04 바다의 깊이도 잴 수 있나요?

바다의 깊이가 궁금하다고 "풍덩!" 바다에 들어갔다가는 큰일 나요. 바다의 깊이는 평균 약 3,800미터나 되거든요. 지구의 육지를 바닷속에 담그면 물에 잠기고도 남을 정도랍니다.

그럼 바다의 깊이는 잴 수 없는 걸까요?
그렇지 않아요. 음파를 이용해서 잴 수 있어요.

음향측심기라는 기계로 바닷속에 음파를 쏘면 음파가 1초에 1,500미터의 속도로 바닷속을 지나 바다 밑에 닿아요. 바다 밑에 닿았던 음파는 다시 바다 위로 돌아오는데, 이렇게 음파가 되돌아오는 시간을 재서 바다의 깊이를 구하고 있어요.

05 세계에서 가장 깊은 바다는 어디인가요?

세계에서 가장 깊은 바다는 태평양이에요.
평균 깊이는 3,900미터예요. 남한에서 가장 높은 산으로
제주도의 한라산을 꼽는데, 높이는 1,950미터예요.
만약 이 한라산을 태평양에 담갔다고 상상해 보세요.
"꼬르륵!" 물에 잠겨 보이지도 않겠지요?
태평양에서도 가장 깊은 곳이 있어요.
북마리아나 제도(여러 섬)의 마리아나 해구에 있는
비티아스 해연(바다 밑바닥에 좁고 가늘게 움푹 팬 곳)이에요. 이
곳의 깊이는 자그마치 1만 1,034미터나 된답니다.
북마리아나 제도는 우리나라 제주도의 4분의 1 정도밖에
안 되는데, 사이판 섬을 비롯하여 7개의 섬으로
이루어져 있어요.

06 바닷물은 왜 짤까요?

여름에 바다에 놀러가 수영을 해 본 적 있나요?
어쩌다 꿀꺽! 바닷물을 삼킨 적은요?
삼킨 적이 있다고요? 맛은 어땠나요? 짭짜름했지요?
바닷물이 짠 것은 물속에 염분이 녹아 있기 때문이에요.
염분을 이루고 있는 것은 대부분 염화나트륨이라는
소금이에요. 그럼, 왜 바닷물에 소금이 녹아 있는 걸까요?
그 이유를 알려면 아주 오래전 지구에 바다가 생겨났던 때로
거슬러 올라가야 해요. 지구가 생기고 수천 년 동안 지구에는
엄청난 양의 큰비가 내렸어요. 비는 흙과 바위 속에 있던
여러 가지 물질을 녹이면서 바다 속으로
흘러들어갔어요. 특히 바위 속에 가장 많이
들어 있는 염분을 녹이면서 바다로

흘러갔어요. 그리고 지금도 바다 밑에 있는 바위에서 염분이 계속 녹아 나오고 있기 때문에 바닷물은 짜답니다.

07 맨 처음 바닷물도 짤을까요?

지금의 바닷물이 짜다고 맨 처음 바닷물도 짰을 거라고 생각하면 그건 큰 오해예요.
지금으로부터 약 46억 년 전 지구는 태어났어요.
태양 근처에 있던 가스덩어리와 우주 먼지가 엉겨 붙어 차게 식은 뒤 점점 먼지가 붙어 지금과 같은 커다란 지구가 되었지요. 그때 가스덩어리 속에는 아황산가스와 이산화탄소, 염소 등의 물질이 들어 있었어요. 이 가운데 염소는 물에 잘 녹아 빗물에 녹아 함께 내렸어요.
염소가 녹아 있는 빗물은 맛이 시큼했어요.
그래서 맨 처음 바닷물은 짜지 않고 시큼한 맛이 났답니다.

바다 이야기 27

08 바닷물은 왜 마시면 안 되나요?

"어휴, 목말라. 배가 터지도록 물을 마셔도 목이 마르네?"
"너 혹시 바닷물 마셨니?"
"응. 준비해 온 물이 다 떨어져서……."
"뭐? 바닷물을 마시면 어떡해! 어쩜 넌 그렇게
과학 상식이 없니?"
"으…… 왜? 왜, 바닷물을 마시면 안 되는데?"
우리 몸은 소금인 염분이 꼭 필요해요. 그런데 몸속에 염분이
필요한 양보다 많으면 갈증을 느끼게 하여 물을 마시도록
해요. 물을 마시면 몸속의 염분 농도가 약해지거든요.
바닷물 속에는 염분이 무척 많이 들어 있어요.
그래서 바닷물을 마시면 몸속에 염분이 많아져 목이
마르게 돼요. 목이 마르다고 또 바닷물을 마시면 몸속
염분 농도는 더 많아져 더욱더 목이 마르게 되지요. 목이
마르다고 바닷물을 마시면 안 되는 이유, 이제 알았지요?

09 세계에서 가장 짠 바다는 어디인가요?

바닷물이 짜다고 하지만 그 가운데서도 가장 짠
바다가 있어요. 이스라엘과 요르단에 걸쳐 있는
사해라는 호수예요.
사해는 북쪽에서 요르단 강물이 흘러들어오지만 나가는 곳은
없는 호수예요. 그래서 들어온 양 만큼의 강물이 증발하기
때문에 물속에 염분이 많이 들어 있답니다.
얼마나 염분이 많이 들어 있는지 생물이 살지 못할
정도랍니다. 그래서 바다 이름도 죽음의 바다라는 뜻으로
'사해'라고 붙여졌지요.
참, 수영 못 하는 사람은 좋을 거예요. 사해는 염분이 많아서
사람이 물속에 들어가면 둥둥 뜨거든요.

조금 더 알기!

세계에서 가장 짜지 않은 바다는 남아메리카 쪽 대서양이에요. 이곳은 많은 양의 아마존 강물이 흘러들어와 바닷물의 염분을 묽게 하기 때문에 짜지 않답니다.

10 바닷속은 편평한가요?

파도가 치지 않는 잔잔한 바다를 보면 무척 편평해요. 그럼 바닷속은 어떨까요? 바다 표면처럼 편평할까요? 그렇지 않아요. **바닷속도 육지처럼 편평한 평지가 있는가 하면, 산이나 산맥, 골짜기처럼 높고 가파른 곳이 있어요.** 바다는 깊이에 따라 3가지로 나뉘어요. 바닷가에서 바닷속으로 200미터 되는 곳까지를 대륙붕이라고 해요. 이곳은 완만한 경사를 이루고 있는데, 강에서 흘러온 나무, 풀, 죽은 동물의 시체 찌꺼기 등이 쌓여 있는

곳이에요.

대륙붕에서 갑자기 경사가 급해져 3,000미터 깊이까지 깊어진 곳은 대륙 사면이라고 해요. 대륙 사면보다 더 깊은 곳은 심해저라고 한답니다. 이곳은 4,000~6,000미터 깊이의 지역이에요. 심해저에는 평야처럼 평편한 곳도 있지만, 거대한 해저 산맥이 있기도 해요. 또 해저 화산이 있기도 하답니다.

11 바닷물은 왜 파래요?

우리가 마시는 물을 보세요. 색이 있나요?
없어요. 물은 색깔이 없어요.
그런데 바닷물은 왜 파랄까요? 사실 정확히 말하면
바닷물도 색이 없어요. 단지 파랗게 보일 뿐이에요.
파랗게 보이는 이유는 햇빛 때문이에요.
햇빛은 우리 눈에는 보이지 않지만 빨강, 주황, 노랑,
초록, 파랑, 남색, 보라 등의 빛깔이 섞여 있어요.
햇빛이 바닷물에 비치면 파란색 빛을 뺀 나머지 빛은
모두 바닷물에 흡수되고, 파란색 빛만 다시 흩어져
나와요.
그래서 바닷물 색이 파랗게 보이는 거랍니다.

조금 더 알기!

바닷물이 초록색이나 붉은색으로 보이는 경우도 있어요. 이것은 바닷물에 초록색 플랑크톤이나, 붉은색 플랑크톤이 너무 많이 생겼기 때문이에요. 바다가 이러한 색깔로 변하면 바닷물에 산소가 부족해지기 때문에 물고기들이 잘 살지 못해요.

12 파도는 왜 생기나요?

철썩철썩 쏴아아~~.
바닷물이 움직이며 내는 소리예요.
누가 바다를 뒤흔들기라도 하는 걸까요?
어떻게 바닷물은 끊임없이 출렁일까요?
바닷물이 출렁이는 것을 파도라고 해요. **파도를 일으키는 것은 바람이에요.** 바람이 물살을 밀기 때문에 파도가 생기는 거지요. 바람이 세면 파도가 크게 일고, 바람이 약하게 불면 파도도 약하게 일어요.
밀려오던 파도는 바닷가에 오면 하얀 거품을 일으키며 부서져요. 왜 그럴까요?
파도는 높은 곳을 '마루'라고 하고, 계곡처럼 깊은 곳을 '골'이라고 해요. 바닷가로 올수록 바다의 깊이가 낮아지면 파도의 골이 마루와 합해져 순식간에 위로 올라와요. 그러면 파도는 하얀 거품을 일으키며 부서지게 된답니다.

13 밀물과 썰물은 왜 생기나요?

밀물은 육지를 향해 물이 밀려오는 것을 말해요. 썰물은 반대로 물이 밀려나가는 것을 말해요. 밀물과 썰물은 하루에 두 번씩 반드시 일어나요. 평균 12시간 25분 간격으로 생기는데 매일 50분씩 늦어진답니다.
그럼 밀물과 썰물이 생기는 이유는 뭘까요?
그 이유는 두 가지예요. **하나는 달과 태양의 끌어당기는 힘(인력) 때문이고, 다른 하나는 지구의 원심력 때문이에요.**
달과 태양이 지구와 일직선상에 놓이면 끌어당기는 힘이 가장 커져 지구와 달이 마주보는 쪽의 바닷물이 부풀어 오르게 되어 밀물이 돼요. 반대편에서는 지구가 태양 둘레를 돌 때의 원심력에 의해 바닷물이 부풀어 올라 밀물이 되고요. 한마디로 달이 끌어당기는 부분과 그 반대편이 밀물이 되면 그 외의 부분은 물이 빠져나가 썰물이 되는 거랍니다.

조금 더 알기!

밀물로 해수면이 가장 높은 때를 '만조', 썰물로 해수면이 가장 낮은 때를 '간조'라고 해요. 그리고 만조와 간조의 높이 차이를 '조차'라고 하지요. 태양, 지구, 달이 같은 방향에 있을 때는 태양과 달의 인력이 합쳐져 밀물과 썰물의 차이가 가장 크게 돼요. 이를 '사리'라고 해요. 태양, 지구, 달이 직각으로 놓이는 상현과 하현에는 끌어당기는 힘이 약해져 밀물과 썰물의 차이가 거의 없는데, 이때를 '조금'이라고 해요.

14 해류가 뭐예요?

바닷물은 늘 그대로 있는 것처럼 보이지요? 그렇지 않아요. **바닷물은 커다란 띠를 이루어 쉬지 않고 정해진 방향으로 정해진 속도로 움직이고 있어요. 이것을 해류라고 해요.**

넓은 바다에서는 강보다 굵은 물줄기의 해류가 원을 그리며 움직이고 있어요. 해류는 차가운 해류인 한류와 따뜻한 해류인 난류가 있어요. 적도 지방은 뜨거운 태양빛으로 바닷물이 데워져 난류가 흐르고, 남극과 북극은 기온이 낮아 한류가 흘러요. 적도 부근의 난류는 차가운 극지방으로 흐르고, 극지방의 한류는 적도 부근으로 흘러들어 다시 데워져요. 해류는 바람 때문에 생기는 거예요. 지구 전체에 커다란 바람덩어리가 있는데, 이 바람

덩어리가 서로 반대 방향에서 불어오면 바닷물이 원을 그리며 움직이게 된답니다.

한류와 난류가 만나는 곳은 물고기가 많아요. 그것은 한류에서 사는 물고기와 난류에서 사는 물고기가 만나 풍부한 어장을 만들기 때문이지요. 우리나라에서는 동해의 울릉도 근처가 물고기 먹이도 많고 물고기도 많은 어장이랍니다.

난류

한류

15 해류와 기후는 어떤 관계가 있나요?

해류는 크게 두 종류가 있다고 했어요. 차가운 바닷물이 움직이는 '한류'와 따뜻한 바닷물이 움직이는 '난류'이지요. 남극과 북극의 낮은 기온으로 차가워진 바닷물은 밀도가 높아져 무거워져요. 그러면 바다 아래쪽으로 가라앉아 적도 쪽으로 흘러가요. 반대로 적도 지방의 따뜻해진 바닷물은 추운 극지방으로 흘러가요. 이렇게 바닷물이 이동을 하면 지구의 기온이 균형을 이루게 돼요. 추운 지방으로 난류가 흐르면 공기 온도를 높여 주어 따뜻해지고, 반대로 적도 지방으로 한류가 흐르면 더운 공기를 식혀 주어 온도가 내려가거든요.

16 세계에서 가장 넓은 바다는 어디인가요?

세계에서 가장 넓은 바다는 태평양이에요.
얼마나 넓은지 자그마치 지구 표면의 3분의 1을 차지하고 있어요. 태평양이 어디에 있는 바다냐고요?
태평양은 북극권의 베링 해부터 남극 대륙의 로스 해까지 뻗어 있는 바다예요. 아시아의 인도네시아부터 남아메리카의 콜롬비아까지 동서로 뻗어 있지요. 적도를 기준으로 북쪽을 북태평양, 남쪽을 남태평양이라고 해요.
태평양이라는 이름은 마젤란이 붙였어요.
1520년 10월 21일, 인도로 가는 뱃길을 탐험하던 마젤란은 칠레 해역에 속하는 좁고 섬이 많은 마젤란 해협을 36일 걸려 빠져나왔어요. 힘들게 해협을 빠져나오자 마젤란 앞에는 넓고 잔잔한 바다가 펼쳐졌어요. 이 바다를 본 마젤란은 '평화로운 바다'라는 뜻으로 '태평양'이라고 이름을 붙였답니다.

조금 더 알기!

마젤란은 1480년 포르투갈에서 태어난 항해가예요. 그렇지만 훗날 포르투갈을 떠나 에스파냐로 건너가 활동했어요. 최초로 세계 일주 항해를 했으며, 마젤란 해협, 태평양, 필리핀, 마리아나 제도 등의 이름을 붙인 것으로 유명해요.

태평양
Pacific Ocean

17 갯벌도 중요한가요?

갯벌은 물이 들어왔다 나가는 바닷가나 강가의 넓고 평평하게 생긴 땅이에요. 물이 드나들 때 가는 모래나 흙이 파도에 밀려와 쌓여 생기지요. 바닷물이 들어왔을 때는 물속에 잠겨 있지만 물이 나가고 나면 질척한 땅이 훤히 드러난답니다. 우리나라는 한동안 갯벌은 쓸모없는 땅이라고 눈여겨보지 않았어요. 그런데 1980년대 후반부터 '서해안 개발'을 시작으로 관심을 갖게 되었어요. 주로 호수나 바닷가에 둑을 쌓은 뒤 그 안의 물을 빼내 육지나 농사지을 땅으로 만드는 간척 사업이 이루어졌지요.

갯벌을 개발하여 땅을 늘리는 것 말고도 갯벌이 중요한 점은

또 있어요. 갯벌에 사는 갯지렁이를 비롯한 여러
미생물이 오염 물질을 흡수하여 분해를 하기 때문에
바닷물이 깨끗해진다는 점이에요. 그리고 조개와
게, 김, 미역 같은 맛있는 바다 생물을
우리에게 주고 있다는 점이랍니다.
고마운 갯벌! 앞으로 잘
보전해야겠지요?

조금 더 알기!

태어나 죽을 때까지 갯벌에
사는 생물은 조개류와 밤게,
칠게 등이에요. 하지만 숭어나 전어
등의 물고기는 밀물 때만 갯벌에 와요.
먹이를 잡기 위해서랍니다.

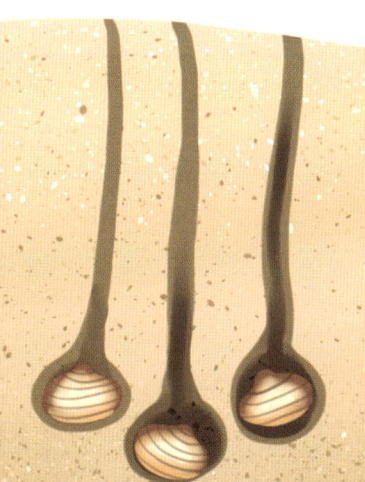

바다 이야기 **47**

18. 바다 이름에 붙는 '~양'과 '~해'는 어떤 차이가 있나요?

어린이 여러분, 이런 말 들어봤나요?
"이 생선은 우리나라 원양어선(먼 바다에서 고기 잡는 배)이 태평양 부근에서 잡은 거랍니다."
아니면, 이런 말은 들어보았나요?
"이번 여름에는 동해로 여행을 갈 거예요."
이때 '태평양'이라는 말도 '동해'라는 말도 모두 바다를 나타내는 말이에요. 태평양처럼 끝에 '양'이 붙는 말은 대서양, 인도양, 남빙양(남극해), 북빙양(북극해)이 있는데, 이들을 대양(큰 바다)이라고 해요. 그리고 동해처럼 '해'가 붙는 말로는 지중해, 오호츠크 해, 카리브 해, 남해, 서해 등이 있어요. 그런데 이상하지요? 같은 바다인데 어떤 바다는 '~양'이 붙고 어떤 바다는 '~해'가 붙을까요? 지구는 몇 개의 커다란 땅덩어리로 나뉘어 있어요. 이것을 대륙이라고 하지요. 아시아, 유럽, 북아메리카,

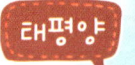
태평양

남아메리카, 아프리카, 오세아니아, 남극으로 나뉘어 있어요. 이러한 대륙과 대륙 사이에 있는 바다를 '대양'이라고 해요. 해가 붙는 바다는 육지와 가까운 곳에 있는 바다를 말해요. 따라서 '~해'로 불리는 바다들은 모두 대양에 속해 있는 거지요.

19 흑해, 홍해, 황해, 백해라는 이름은 왜 생겼나요?

한자를 좀 아는 어린이라면 금방 알 수 있겠지요? 흑해는 검은 바다, 홍해는 빨간 바다, 황해는 누런 바다, 백해는 하얀 바다라는 것을요. 그럼, 진짜로 바닷물이 검고, 빨갛고, 누렇고, 하얄까요? 놀라지 마세요. 틀린 말이 아니랍니다.

유럽 남동부와 아시아 사이에 있는 흑해는 대륙으로 막혀 있어 산소가 부족하고 유화수소가 농축되어 있어 흑색을 띠어요. 또 아프리카와 아라비아 반도 사이에 있는 홍해는 플랑크톤이 많아 바닷물색이 붉은색을 띠어요. 러시아 북쪽의 바다인 백해는 1년에 200일 이상이 흰 얼음으로 덮여 있기 때문에 백해라는 이름이 안성맞춤이지요. 황해는 우리나라 바다를 일컫는 말이에요. 여름철 홍수가 나면 중국 황허 강의 누런 황토가 우리나라

강과 바다로 흘러들어와 물색이 누런 황토색을 띠어 붙여진 이름이랍니다.

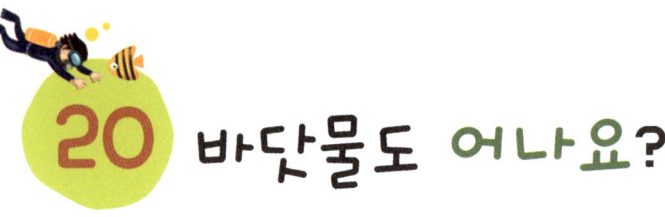

20 바닷물도 어나요?

바닷물은 짠맛이 나지요? 바닷물에 소금기가 있어서
그렇답니다. 이 소금기 때문에 바닷물은 잘 얼지 않아요.
우리가 마시는 물은 기온이 0도이면 얼어요.
하지만 소금물은 영하 2도부터 얼기 시작한답니다.
추운 겨울이면 기온이 영하 10도 아래로 떨어지는
날이 있어요.
그럼, 당연히 바다도 꽁꽁 얼겠지요? 아니에요.
바닷물은 가만히 머물러 있지 않기 때문에 쉽게
얼지 않아요. 해수면에 바람이 불면 수면 위의 차가워진
바닷물은 아래로 내려가고, 해수면보다 더 따뜻한 바닷물은
위로 올라와요. 이런 일이 계속 이루어지기 때문에
바닷물이 영하 2도로 내려가기란 쉽지 않아요.
그래서 바닷물은 겨울에도 얼지 않는답니다.

바다 이야기 53

21 만과 곶이 뭐예요?

만은 바다가 육지 쪽으로 들어와 있는 형태를 말해요.
아산만, 벵골 만, 멕시코 만 등이 있어요. 만은 물결이
잔잔하여 항만이 발달되어 있는 곳이 많아요.
**반대로 육지가 바다로 돌출한 곳이 있어요. 이런 곳을
곶이라고 해요.** 우리나라는 장산곶이 유명해요. 곶은 파도가
강해서 파도에 바위가 깎여 절벽이 많이 생긴답니다.
만과 곶에 따라 바다의 물결이 차이 난다는 사실,
이제 알았지요?

22 대륙붕이 뭐예요?

넘실넘실 파도가 치는 바닷속이 궁금하지요?
바닷속은 평평하지만은 않아요. 울퉁불퉁한 땅으로 이루어져 있어요. 특히 해변에서 바다 속으로 약 200m까지를 대륙붕이라고 하는데, 완만하게 기운 비탈면으로 이루어져 있어요.
대륙붕은 그다지 깊은 바다가 아니어서 햇빛이 잘 들어와요. 그래서 여러 바다 생물이 잘 자라 물고기가 많은 곳이에요.

또 석유나 천연가스, 광물 자원도 많아 바닷속 땅 가운데 가장 중요한 곳이랍니다.

23 바다 밑에도 산맥이 있나요?

산들이 길게 뻗어 있는 것을 산맥이라고 해요.
이러한 산맥이 바닷속에도 있을까요?
믿을 수 없겠지만, 바닷속에도 산맥이 있답니다.
바닷속에 있는 산맥을 '해령'이라고 해요. 해령은
깊은 바다 밑에서 화산이 폭발하여 마그마가 솟구쳐
나와 식은 거예요.
큰 해령으로는 대서양의 중앙부를 남북으로 잇는 대서양
중앙 해령과 인도양의 동인도해 해령·인도양 중앙 해령
두 가지가 있어요. 이 가운데 대서양 중앙 해령은 남북으로

길이 6,400만 킬로미터, 높이 2,000~4,000킬로미터나 되는 어마어마한 크기를 자랑한답니다.
깊은 바닷속도 우리가 살고 있는 육지만큼이나 다양한 세계이지요?

24 바닷속에 산이 잠겨 있다는 게 사실인가요?

바닷속에 산맥도 있는데 산이 없겠어요? 바닷속에 있는 산을 해산이라고 해요. 해산은 화산 폭발이 잘 일어나는 태평양에 많아요. 그리고 대서양에서도 볼 수 있어요. 정확히 태평양과 대서양의 4,000~5,000미터의 깊은 바닷속에서 볼 수 있지요.

해산 중에서 꼭대기가 평탄하고 둥글거나 타원 모양인 것을 평정해산이라고 해요. 평정해산은 수면 가까이 있던 해산이 오랜 세월 동안 파도에 깎인 뒤 가라앉은 거예요.

그럼, 한 가지 퀴즈를 낼게요. 아주 높은 해산의 꼭대기가
바닷물 위로 올라와 있으면 무엇일까요?
맞아요. 정답은 섬이에요.

25 바다에서 전기를 얻을 수 있나요?

바닷속에서 석유를 캐거나 천연가스를 얻는다는 것은 우리 모두 알고 있는 일이에요. 하지만 전 세계가 에너지 사용량이 늘어나면서 이런 에너지들은 언젠가는 바닥을 드러낼 거라고 해요. 특히 우리나라는 석유를 비롯하여 외국에서 수입하는 에너지가 많아서 다른 에너지를 개발하기 위해 애를 쓰고 있어요. 그 가운데 하나로 **바닷물의 흐름이나 세기를 이용해서 전기를 얻는 조력 발전을 연구하고 있어요.**

조력 발전은, 밀물과 썰물이 생기는 만을 방조제로 막아 물을 가두었다가 썰물 때에 저수지와 해수면의 물 높이 차이를 이용하여 발전기를 돌려 전기에너지를 얻는 거예요.

우리나라는 인천만, 아산만, 천수만 등이 조력 발전에 적합한 곳으로 꼽히고 있어요. 하지만 아직 우리나라에 조력 발전소가 완성된 곳은 없어요.

26 바다에도 길이 있나요?

육지에 난 길을 '육로'라고 해요.
그럼 바다에 난 길은 무엇일까요?
바다는 물이므로 '수로'라고 해요. 한자가 아닌 우리말로는
'뱃길', 또는 '물길'이라고 하지요. 바다나 강 또는 호수,
운하 등 배가 갈 수 있는 물 위의 모든 길을 일컫는 거예요.
수로는 한 나라 안에서 그 나라의 배가 다니는 길도 있고,
세계 여러 나라의 배가 다니는 국제적인 수로도 있어요.
한 가지 더! 항로라는 말도 있어요. 항로는 배가 한 항구에서
다른 항구로 갈 때 지나는 길을 말해요.

27 바닷길을 나타낸 지도가 있나요?

육지의 길을 기호나 문자를 이용해서 축소해 그린 것을 지도라고 해요. 이처럼 바다의 길을 그린 것을 해도라고 해요. 해도에는 큰 바다, 항만, 섬의 모양, 바다의 깊이, 항로, 암초와 같은 장애물의 위치 등등이 축소되어 자세히 그려져 있어요.

컴퓨터가 발달하기 전에는 종이에 그린 해도를 사용했지만, 요즘은 전자 해도라고 불리는 디지털 해도를 이용하기 때문에 컴퓨터로 해도를 보면서 안전하게 항해를 하고 있어요.

배가 바다에 나갔을 때 뱃길의 특징을 알지 못하면 사고를 당할 수 있기 때문에 해도는 배의 안전을 지키는 파수꾼이랍니다.

28 어떻게 바다 한가운데 섬이 생기나요?

섬은 작은 크기의 육지로 물에 둘러싸여 있는 것을 말해요. 세계적으로 북대서양에 있는 그린란드보다 작은 육지를 섬이라고 해요.

그럼 섬은 어떻게 생길까요?

섬은 바다 밑에 있는 땅의 일부가 솟아오르거나 해안 산맥의 일부가 가라앉을 때 산맥의 높은 곳이 물에 다 잠기지 않고 물 위에 남겨져 생겨요. 또는 육지의 한 부분이 가라앉아 그곳에 바닷물이 들어와 잠기면서 생기기도 해요. 하와이나 카나리아 제도처럼 바다 밑의 화산이 터지면서 마그마가 솟구쳐 식어 생기기도 하고, 해안 지역의 일부가 파도에 깎여 육지에서 떨어져 나와 섬이 되기도 해요. 뚝섬과 같이 흙과 모래가 해안과 강 가운데 쌓이고 쌓여 낮은 모래땅의 섬이 만들어지기도 하고, 산호초가 물 위로 솟아서 만들어지기도 해요.

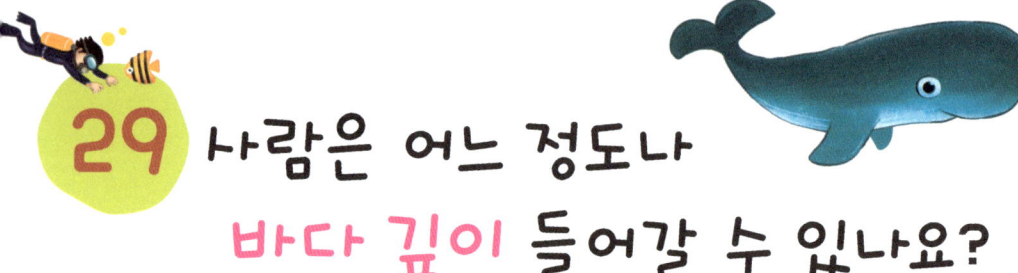

29 사람은 어느 정도나 바다 깊이 들어갈 수 있나요?

깊은 바닷속에 풍덩 들어가 탐험해 보고 싶다고요?
수영이 자신 있어서 가능할 것 같다고요?
천만의 말씀이에요. 사람이 아무 장비 없이 바닷속 깊이 들어가는 것은 불가능해요. 또 아무리 장비를 갖추고 들어간다 해도 한계가 있어요. 물이 누르는 힘인 수압 때문이에요. 사람이 아무 장비 없이 들어갈 수 있는 바다 깊이는 10미터 정도예요. 그것도 고작 2분이 채 안 되는 시간 동안뿐이에요.

그럼 잠수복을 입고, 산소통을 메고
들어가면 깊이 들어갈 수 있냐고요?
안타깝게도 이런 경우도 60미터
정도밖에 들어갈 수 없어요.
바다, 결코 만만한 상대가
아니지요?

30 바다에서 찾은 보물은 아무나 가져도 되나요?

"뉴스를 말씀드리겠습니다. 오늘 우리나라 동해 앞바다에서 신라 시대 보물이 발견되었습니다. 이 보물을 발견한 황부자 씨는 이제 큰 부자가 되었다고 즐거워하고 있습니다."

이런 뉴스를 보았다면 여러분은 황부자 씨를 부러워하겠지요? 하지만 이 뉴스는 틀린 뉴스랍니다. 바다에서 발견한 보물은 개인이 가질 수 없기 때문이에요. 왜냐하면 바다는 개인의 것이 아니라 나라의 것이기 때문에 바다에서 보물을 발견했다면 당연히 나라에 신고를 해야 한답니다. 보물을 발견한 사람은 일주일 안으로 나라에 신고를 하고, 보물이 발견된 곳을 더 이상 건드리지 않고 그대로 두어야 해요. 그러면 나라에서 보물에 대한 가치를 돈으로 산정하여 그 값의 절반을 신고한 사람에게 준답니다.

31 물고기도 암수가 있나요?

사람은 여자가 있고 남자가 있어요. 이처럼 물고기도 암컷 물고기와 수컷 물고기로 나뉘어 있어요. 그럼 물고기가 암컷인지 수컷인지 어떻게 알 수 있을까요? 대부분의 수컷 물고기는 배지느러미 앞쪽에 뾰족한 생식돌기가 있어요. 이 생식돌기가 없으면 암컷 물고기예요. 그리고 잉엇과 물고기의 경우는 암컷의 배가 수컷보다 불룩하답니다. 하지만 어떤 물고기는 수컷이 암컷이 되기도 하고, 암컷이 수컷이 되기도 해요. 대표적으로 앵무고기나 놀래기 등은 암컷으로 자라다가 몸이 커지면 수컷으로 성이 바뀌어요. 반대로 감성돔이나 리본장어는 수컷으로 자라다 암컷으로 성이 바뀌어요. 학자들은 왜 이렇게 물고기의 성이 바뀌는지 연구하고 있지만 아직 확실한 답을 얻지는 못했답니다.

신기한 바다 생물

32 플랑크톤이 뭐예요?

플랑크톤은 물에 떠서 사는 아주 작은 생물이에요.
그래서 이름의 뜻도 '방랑자'이지요. 그러나 혼자 활발히 움직이지는 못해요. 얼마나 작은지 우리 눈으로는 볼 수 없고 현미경으로 보아야만 겨우 볼 수 있어요.
 그렇다고 모두 작은 것은 아니에요. 해파리의 경우는 1미터나 되는 것도 있으니까요. 플랑크톤은 물속의 작은 물고기들이 먹는 먹이예요. 크게 식물성 플랑크톤과 동물성 플랑크톤 두 종류가 있어요. 식물성 플랑크톤은 햇빛과 공기 중에 있는 이산화탄소를 빨아들여 영양분을 만들어요.

이러한 식물성 플랑크톤은 동물성
플랑크톤의 먹이가 돼요.
하지만 수적으로는 동물성 플랑크톤보다
식물성 플랑크톤이 훨씬 더 많답니다.

33 바다 생물은 무엇을 먹고 사나요?

이 세상 모든 동물과 식물은 서로 먹고 먹히는 관계에 있어요. 힘이 약한 것은 그보다 더 강한 것에 먹히며 살아가고 있지요. 바다 생물 또한 마찬가지예요. 바다에는 동물의 배설물이나 죽은 사체가 떠 있어요. 이런 것들은 미생물이 분해시켜 줘요. 그러면 물에 떠다니는 식물성 플랑크톤과 김, 미역, 다시마 등의 해조류가 분해된 영양분을 먹고 쑥쑥 자라요. 그러면 게, 물벼룩 등의 동물성 플랑크톤과 조개, 소라, 작은 물고기 등이 식물성 플랑크톤과 해조류를 먹어요. 이들 초식 동물들은 좀 더 큰 육식 동물인 불가사리, 문어, 상어 등이 잡아먹는답니다.

약한 생물은 강한 생물에 목숨을 잃는 것이지요. 잔인한 것 같지만, 이것은 자연이 유지되는 데 꼭 필요한 법칙이랍니다.

34 심해어는 어떻게 깊은 바닷속에서 살 수 있나요?

우리는 깊은 바닷속까지 마음대로 들어갈 수 없어요.
물이 누르는 힘인 수압 때문이지요. 그러나 깊은 바닷속에
사는 심해어는 아무 문제 없이 유유히 노닐며 살아가고
있어요. 더구나 깊은 바닷속은 햇빛이 비치지 않아
물이 차갑고 컴컴하기까지 한데 말이에요.
**놀랍게도 깊은 바닷속에 사는 심해어들은
자신이 사는 곳에 맞게 몸을 변화시켰어요.**
먼저, 부레가 퇴화되어서 강한 수압에도 끄떡없이
헤엄을 칠 수 있어요. 또 어두운 바닷속에서 먹이 사냥을
하기 위해 스스로 몸에서 빛을 낸답니다. 대신 캄캄해서
별로 볼 것이 없는 눈은 보는 능력을 잃어버렸지요.
또한 깊은 바닷속은 먹이가 귀하기 때문에 발견한 먹이는
결코 놓치지 않도록 턱이 크고 이빨이 길고 날카롭답니다.

조금 더 알기!

부레는 물고기의 배 속에 있는 얇은 공기주머니예요.
이것을 벌렸다 오므렸다 하면서 물에 뜨고 잠겨요.

35 깊은 바다 밑바닥에는 어떤 생물이 살고 있나요?

깊은 바다 밑바닥은 수압이 무척 높아요. 또 온통 어둡고
물이 차가워요. 햇빛이 이곳까지 비치지 않기 때문이지요.
따라서 1년 내내 온도의 변화가 없어요.
햇빛이 비치지 않으니 식물성 플랑크톤도 살지 않아요.
또 해조류도 살지 않아요.
아주 황량한 곳 같지요? 또 이런 곳에 어떤 생물이
살까 하는 생각이 들지요?

하지만 놀랍게도 이곳에 사는 생물이 있어요. 불가사리, 해삼, 새우, 해파리, 바다게, 닭새우, 조개류 등이 그 주인공이에요.
특히 5,000미터의 어마어마하게 깊은 바닷속에는 바다거미가 살고 있답니다.

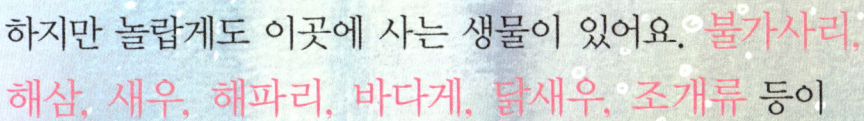

36 깊은 바닷속 생물은 무엇을 먹고 사나요?

깊은 바다는 햇빛이 비치지 않아 식물성 플랑크톤도 없다고 했어요. 그럼, 깊은 바닷속에 사는 생물들은 무엇을 먹을까요? 혹시 먹이가 없어 다이어트만 하고 있을까요?
깊은 바닷속 생물들은 햇빛이 비치는 쪽에서 살던 동물성 플랑크톤이나 물고기가 죽어 가라앉은 찌꺼기를 먹고 살아요. 이런 먹이도 부족할 때는 서로 잡아먹기도 해요.
끔찍하다고요? 아니에요. 이건 종족을 유지하는 하나의 방법이에요. 그러니까 놀랄 필요 없어요. 그보다는 어려운 환경에서도 꿋꿋이 살아가는 깊은 바닷속 생물들에게 박수를 보내 주세요. 짝짝짝!

신기한 바다 생물 87

37 물고기의 특징은 뭔가요?

"준영아, 너 물고기가 뭐라고 생각하니?"
"글쎄……. 물고기…… 그게 뭐냐 하면……."
몰래 좋아하던 여자아이가 이런 질문을 한다면 얼마나
당황하겠어요. 이럴 때 물고기의 특징 정도쯤 간단히
알고 있다면 어깨에 힘을 주고 자랑스럽게 말할 수 있겠지요?
물고기는 물에 사는 생물이에요. 아가미로 숨을 쉬고,
지느러미를 움직여 헤엄을 쳐요. 몸에는 비늘이 있어요.
눈꺼풀이 없어서 눈을 뜨고 잠을 자고, 모두 척추가
있어요.
크기는 1센티미터도 안 되는 아주 작은 물고기부터
20미터가 넘는 것도 있지요. 북극이나 남극의 차가운
물속에서 사는 물고기도 있고, 온천처럼 뜨거운 물속에서
사는 물고기도 있답니다.

38 바다 생물은 물속에서 어떻게 숨을 쉬나요?

우리가 숨을 쉬는 것은 코나 입으로 공기 중에 있는 산소를 빨아들여 허파로 보내고 이산화탄소를 내뱉는 일이에요. 그런데 물속에서 숨을 쉬면 허파로 산소가 아니라 물이 들어가기 때문에 살 수가 없어요. 그런데 참 신기하지 않나요? 사람은 숨을 쉴 수 없는 물속에서 물고기들은 어떻게 죽지 않고 살 수 있을까요? 아니 숨을 쉴 수 있을까요? 그 비밀은 바로 아가미예요. 아가미는 붉은 빗살 모양으로 생겼는데 이곳에 혈관이 있어요. **물고기들은 물이 아가미를 지날 때 물속에 녹아 있는 산소를 빨아들이기 때문에 살 수 있어요.** 그렇다고 모든 바다 생물이 아가미로 숨을 쉬는 것은 아니에요. 고래나 펭귄, 바다표범 등은 아가미가 없어요. 대신 사람처럼 허파를 가지고 있어요. 그래서 물속에서 숨을 쉬지 못해요. 대신 물속을 헤엄치다 물 위로 고개를 내밀어 숨을 내뱉은 뒤 다시 숨을 들이쉬고 물속으로 잠수를 한답니다. 이런 특성 때문에 물개는 10분 이상, 향고래는 2시간까지 숨을 안 쉬고 물속을 헤엄칠 수 있어요.

아가미를 사용해 물속의 산소를 빨아 들여요!

39 산호초는 동물이라고요?

바닷속을 구경해 보면 믿을 수 없을 정도로 예쁜 생물들을 만날 수 있어요. 그 가운데서도 나뭇가지 모양의 울긋불긋 아름다운 생물을 만날 수 있는데, 바로 산호초예요.
산호초는 지느러미를 살랑살랑 흔들며 느긋하게 헤엄을 치는 물고기들이 숨바꼭질을 하기에도 좋은 곳이지요.
아, 이름이 산호초인 걸 보니 산호초는 식물일 거라고요?
천만의 말씀이에요. **산호초는 동물이에요. 속이 비어 있고, 껍데기는 석회질로 되어 있어 아주 딱딱해요.**
움직이지도 못하는 산호초는 무얼 먹고 살까요?
산호초의 몸은 속이 비었다고 했지요? 산호초의 빈 몸속에 '갈충조'라는 조류가 살아요. 이 조류가 햇빛을 받아 영양분을 만들어 주기 때문에 산호초는 건강하게 살 수 있어요.
갈충조들은 산호초의 껍데기를 만드는 탄산칼슘도 준답니다.

40 물고기는 언제부터 바다에서 살기 시작했나요?

"야, 꼬마야. 너 이제부터 나한테 형님이라고 해."
"뭐라고? 물고기 주제에 어디 사람한테 반말이야!
내가 지금 꿈을 꾸고 있다고 너, 너무 건방진 거 아냐!"
꿈이라고 해도 틀린 말은 아니에요. 왜냐하면
물고기들은 우리 사람보다 훨씬 더 오래전부터
지구에서 살기 시작했으니까요.
지구에 사람이 나타난 것은 지금으로부터
약 4백만 년 전이에요. 하지만 바다에 물고기가
나타난 것은 그보다 훨씬 더 오래전인
4억 5천만 년 전이랍니다.

41 물고기는 모두 비늘이 있나요?

"으악, 엄마! 비늘이 이에 끼었잖아요!"
"미안. 비늘을 긁어냈는데 남은 게 있었나 보다."
붕어나 잉어 등 물고기들은 비늘이 굵어서
제거를 하지 않으면 먹을 때 불편하지요.
그런데 물고기에 왜 비늘이 있는 걸까요?
비늘은 물고기의 피부를 보호하기 위해 있는 거예요.
비늘이 온몸을 덮고 있어서 연한 살이 다치지 않는 거지요.
비늘에서는 끈적끈적한 물질이 나오기 때문에 물고기의
몸은 늘 미끌미끌해요. 그래서 물속에서 부드럽게 헤엄을
칠 수 있는 거랍니다.

참, 고등어나 뱀장어처럼 피부가 매끄러운 물고기들도 작은 비늘이 있는 거랍니다.

42 물고기는 어떻게 번식을 하나요?

사자, 호랑이, 토끼, 개 등은 암컷이 새끼를 낳아요.
그럼 물고기도 암컷이 새끼를 낳을까요?
그렇지 않아요. 물고기는 새끼를 낳지 않아요.
대신 암컷이 물속에 알을 낳아요. 그러면 수컷이 알에
정액을 뿌려서 수정을 시켜요. 암컷이 낳은 알은 끈끈해서
서로 붙어 쉽게 떨어지지 않아요.
그래서 물속에서도 안전하게 수정이 이루어진답니다.
이렇게 수정된 알이 부화되면 새끼 물고기가 태어나게 되지요.

43 물고기는 왜 떼를 지어 다니나요?

물고기들은 떼를 지어 다녀요. 그렇다고 모든 물고기가 그런 것은 아니에요. 약 2,000여 종의 물고기만이 그렇답니다. 몸집이 큰 물고기보다는 작은 물고기들이 떼를 지어 다녀요. 그 이유는 **자신들보다 큰 물고기들에게 하나의 거대한 덩어리로 보여 공격을 당하지 않기 위해서예요.**
"우리는 그리 만만한 물고기가 아니라고! 그러니까 잡아먹을 생각 같은 건 꿈도 꾸지 마!"
하고 엄포를 놓는 것이지요.
또 떼를 지어 몰려다니면 번식을 할 때 짝을 찾기 쉬운 장점이 있어요.
하지만 상어와 같은 큰 물고기에게는 많은 먹잇감이 있는 것으로 쉽게 눈에 띄는 단점이 있어요.

신기한 바다 생물 101

44 뼈가 없는 바다 생물은 무엇인가요?

물고기들은 등에 척추가 있어서 몸이 곧게 생겼어요.
그러나 오징어나 문어, 해파리, 해면 등은 뼈가 없어서
몸이 흐물흐물해요. 뼈가 없는 생물 가운데 해면은
눈도, 귀도, 손도, 다리도, 신경도 없어요. 움직이지를
못하니 바위 같은 곳에 착 달라붙어서 물에 떠다니는
먹이가 몸에 달라붙으면 그것을 먹는답니다.
오징어나 문어는 머리에 몇 개의 다리가 달려 있어요.
뼈가 없어 살이 부드러워요.
해파리는 몸속에 젤리 같은 물질이 있어서 물에 뜰 수 있어요.
몸이 가벼워서 물속을 떠다녀요. 우산을 펼친 것처럼 생긴
몸을 벌렸다가 안쪽으로 오므려 당기면서
헤엄을 치지요.
해삼은 모양이 오이처럼 생겼는데
뼈가 없는 대신 가시가 몸속까지

파묻혀 있어요. 이 가시가 몸의 모양을 유지시켜 주어요.
하지만 물고기처럼 등뼈는 아니에요.
말미잘은 바위에 붙어 살거나 모래에 몸을
숨기고 살아요. 몸에 많은 촉수가 있고
촉수 한가운데에 입이 있어요. 지나가는
먹이를 촉수로 독을 쏘아 잡아먹어요.
항문이 없어서 소화한 찌꺼기는
입으로 뱉어 낸답니다.
이것 말고도 뼈 없는 바다 생물은
또 무엇이 있을까요?
어린이 여러분 스스로
찾아보세요.

45 피부가 가시로 된 바다 생물도 있나요?

"앗, 따가워. 넌 누군데 온몸에 가시가 있니?"
"나? 글쎄? 내가 누구일까? 알아맞혀 보렴."
바다 생물 가운데는 밤송이처럼 생긴 생물이 있어요.
바로 성게이지요. 동그란 모양인데 피부가 가시처럼
뾰족뾰족해요. 또 갯고사리, 불가사리나 해삼 같은
동물도 모양은 다르지만 피부가 가시처럼 되어 있어요.
이런 동물을 어려운 말로 '극피동물'이라고 해요.
대부분 바다 밑 암초나 모래 바닥에 살아요.
입과 항문이 있고, 움직일 때는 관족이라는 대롱 같은
다리로 기어 다녀요.

46 껍데기가 딱딱한 바다 생물은 무엇인가요?

"우와! 맛있는 꽃게찜이네? 새우도 들어 있고. 엄마, 고마워요."
"갑각류라서 먹기는 불편해도 맛이야 그만이지!"
"갑각류? 갑각류가 뭐지?"

갑각류는 게, 새우, 바닷가재처럼 딱딱한 껍데기로 몸을 감싸고 있는 바다 생물을 말해요. 껍데기는 연한 속살을 보호해 주는 역할을 하지요.
몸은 머리·가슴·배로 나뉘고 마디로 되어 있고, 촉각 2쌍, 턱다리 3쌍, 가슴다리 5쌍, 배다리 4쌍을 가지고 있어요.
사는 곳은 깊은 바닷속도 있지만, 가재처럼 개울에 사는 것도 있어요.

신기한 바다 생물 **107**

47 바다 생물은 어떻게 수압을 견디나요?

"내가 우리 학교 수영 대표인데, 바닷속 깊이 잠수해서 수영하는 것쯤이야 식은 죽 먹기지."
"우와~ 너 정말 대단하다. 부럽다."
이런 친구가 있다면, 부러워하지 마세요. 그 친구의 말은 허풍이니까요.
사람은 바닷속 깊이 잠수할 수 없어요. 물이 누르는 힘인 수압 때문이지요. 하지만 깊은 바닷속에 사는 물고기들인 심해어는 아무렇지 않게 헤엄을 칠 수 있어요. 왜 그럴까요?
심해어들은 몸속에 체액이 많이 들어 있어서 그래요. 보통의 물고기들은 부레에 기체가 들어 있어서 물에 뜰 수 있는데, 심해어들은 부레가 없어요. 대신 몸에 체액이 많아서 물이 누르는 힘을 견딜 수 있어요. 액체는 수압의 영향을 받지 않는데, 체액이 바로 액체이기 때문이지요.

조금 더 알기!

심해어들은 수압이 없는 바다 위로 나오면 눈이 튀어나와요. 심해어들의 눈은 수압에 견디도록 생겼는데 수압이 없는 곳으로 나오면 눈을 누르던 힘이 없어져 눈이 튀어나오는 것이랍니다.

난 몸 안에 체액이 많아서 수압을 견딜 수 있어!

48 심해어들은 왜 빛을 내나요?

"심해어들이 빛을 내는 이유는……. 캄캄한 바닷속에서 서로 부딪치지 않고 안전하게 헤엄치기 위해서 아닐까요?" 그런 이유도 있겠지만, 그보다 더 큰 이유는 먹이를 끌어들이기 위해서예요. 힘들게 먹이를 구하러 다니지 않고 반짝반짝 빛을 내고 있다가 호기심에 헤엄쳐 온 물고기를 냉큼 잡아먹기 위해서지요. 또 다른 이유는 자신의 몸을 보호하기 위해서예요. 빛을 내서 몸의 윤곽이 흐려지게 하여 자신보다 더 큰 물고기들의 눈에 띄지 않기 위해서지요. 그리고 또 하나의 이유는 암컷과 수컷이 짝짓기를 할 때 상대방을 잘 알아보기 위해서예요.
하찮게 보이는 물고기들도 모두 나름의 삶의 지혜가 있지요?

신기한 바다 생물

49 바닷속에서 사는 식물도 있나요?

믿을 수 없겠지만, 바닷속에도 식물이 살고 있어요. 바닷속에 사는 식물은 육지에 사는 식물과 조금 달라요. 육지에 사는 식물은 땅속에 뿌리를 내리고 잎과 줄기가 나누어져 있지만, 바닷속 식물은 전체가 잎 모양으로 되어 있어요. 하지만 햇빛과 공기 중에 있는 이산화탄소와 뿌리에서 흡수한 수분으로 영양분을 만드는 광합성을 하고, 한곳에서 움직이지 않고 살아가는 것은 같아요.

파래
우뭇가사리
김

바다에 사는 식물은 작은 플랑크톤(식물성 플랑크톤)과 해조류가 있어요. 해조류는 녹조류, 갈조류, 홍조류 세 종류가 있어요.

녹조류는 녹색을 띠는 식물로 파래가 있어요. 갈조류는 갈색을 띠는 식물로 미역과 다시마, 모자반, 톳 등이 있어요. 홍조류는 붉은색을 띠는 식물로 김과 우뭇가사리 등이 있어요.

50 갯벌에는 어떤 생물이 살고 있나요?

갯벌에는 많은 생물이 살고 있어요. 갯지렁이, 낙지, 새우, 맛, 장어, 갯우렁이, 구슬우렁이, 망둥이, 꽃게, 칠게, 밤게 등 그 수는 이루 헤아릴 수 없을 정도예요. 갯벌 흙에는 갯벌 생물들의 먹이가 되는 식물성 플랑크톤이 살고 있어요. 게나 고둥류는 진흙 위를 돌아다니며 식물성 플랑크톤을 잡아먹어요.
갯벌에서 사는 생물들은 진흙 속에 숨어 살거나, 5센티미터 정도 되는 구멍을 파 놓고 살아요. 조금만 움직임이 있으면 재빨리 구멍 속으로 쏙 들어가 몸을 숨기지요. 또 몸 색깔을 진흙과 비슷하게 해서 무서운 사냥꾼인 도요새나 갈매기 등 바닷새의 공격으로부터 몸을 보호해요. 갯벌 생물은 먹이를 구할 때가 아니면 대부분 진흙 속에서 살아요.

51 새끼를 낳는 바다 식물도 있나요?

열대 지방이나 아열대 지방처럼 더운 나라의 갯벌이나 바닷가 근처에 맹그로브라는 나무가 숲을 이루고 있어요. 맹그로브는 참 신기한 나무예요. 육지에서 사는 나무들은 소금기가 있는 땅에서 살지를 못하는데, 맹그로브는 바닷가 근처에서 뿌리를 내리고 사니 말이에요.
더 신기한 것은 맹그로브는 새끼를 낳는 식물이란 점이에요. 식물이 새끼를 낳다니 놀랍지 않나요?
그 이유를 말해 줄게요. 맹그로브 나무 가운데는 나무에서 씨앗이 싹을 틔우는 경우가 있어요. 나무에서 싹이 트고 뿌리를 뻗어 50~60센티미터 정도 자라면 나무에서 떨어져요. 떨어진 싹은 땅에 뿌리를 내리고 자라기 시작해요.
맹그로브처럼 새끼를 낳는 식물을 태생 식물이라고 해요.

신비한 바다 생물 117

52 물고기도 잠을 자나요?

당연하죠. 물고기도 잠을 잔답니다. 대신 물고기는 눈꺼풀이 없어서 눈을 감지 않고 뜨고 잔답니다. 잠을 자는 모습은 물고기마다 달라요. 뱀장어, 메기, 바다장어, 가자미, 넙치, 자라 등은 낮에 자고 밤에 활동을 해요. 얕은 바다에 사는 물고기는 사람처럼 어두워지면 잠을 자요. 잉어, 붕어, 송어, 돌돔, 쥐치 등이에요. 특히 노래미류는 규칙적으로 생활하고 있는 것으로 유명해요. 저녁때가 되면 모래 속으로 파고들어가 해가 떨어질 무렵이면 모두 모래이불을 쓰고 쿨쿨 깊은 잠에 빠진답니다. 그러고는 다음 날 해가 뜨면 일어나 활동을 시작하지요. 정어리나 가다랑어, 참치와 같은 큰 바다에서 사는 물고기들은 무리 지어 헤엄을 치면서 잠깐 잠깐씩 짧은 시간 동안 잠을 잔답니다.

53 바다 생물 중에서 새끼를 낳는 것도 있나요?

물고기는 암컷이 물속에 알을 낳으면 수컷이 알에 정자를 뿌려 수정을 시킨다고 했어요.
수정이 된 알에서 새끼가 깨어나오는 것이지요.
그런데 아주 많은 것은 아니지만 새끼를 낳는 물고기도 있어요. **바로 상어와 가오리예요.**
상어는 별상어, 귀상어, 곱상어가 새끼를 낳고, 가오리는 노랑가오리가 새끼를 낳아요.
알은 다른 물고기의 먹이가 되기 쉽기 때문에 완전하게 모양을 갖춘 새끼를 낳아 자신의 종족을 보존하기 위해서일 거예요.
새끼를 낳는 바다 생물도 있다니, 정말 자연은 놀랍고도 신기하네요.

54 연어는 왜 자신이 태어난 곳으로 돌아오나요?

연어는 강에서 태어나 그다음 해 바다로 나가 3~5년 정도를 살아요. 이쯤 되면 연어들은 완전히 자라 짝짓기를 할 수 있어요. 그런데 신기하게도 연어는 짝짓기를 할 때가 되면 자신들이 태어난 강으로 물을 거슬러 돌아와요. 연어가 강으로 돌아와 알을 낳는 이유는 뭘까요? 그것은 **연어의 알이 바닷물에서는 부화하지 못하고, 알에서 태어난 새끼도 바닷물에서는 살 수 없기 때문이에요.**
연어들은 이 사실을 어떻게 알았을까요? 참 신기하지요?

조금 더 알기!

연어는 넓은 바다에서 어떻게 자신이 태어난 강을 찾아 돌아올까요?
연어는 태어난 강의 물맛과 냄새를 꼭꼭 기억해 두었다가 기억을 되살려 돌아온다고 해요. 또 해가 떠 있던 위치를 몸으로 느껴 자신이 태어난 강으로 돌아올 수 있다고 해요.

신기한 바다 생물 123

55 고등어는 왜 등이 파란가요?

고등어만 등이 파란 것은 아니에요. 전어, 꽁치, 삼치, 전갱이, 정어리 등도 등이 파랗답니다. 이런 물고기를 등 푸른 생선이라고 해요.

등이 파란 이유는 **바닷새들에게 자신의 몸을 보호하기 위해서예요.** 등 색깔이 푸르다 보니 바다 위를 날며 먹이를 구하는 바닷새들의 눈에는 바닷물과 잘 구분이 되지 않겠지요? 한마디로 바닷새의 눈에 잘 띄지 않아 잡아먹힐 위험이 줄어드는 것이지요. 그리고 보면 고등어의 등이 파란 것은 보호색이라고 할 수 있어요. 물고기도 보호색을 쓸 줄 알다니, 정말 신기하지요?

정어리

56 고래는 왜 물을 뿜나요?

고래는 물에서 살지만, 어류가 아니고 포유류예요. 포유류는 어미 뱃속에서 자란 새끼를 낳아 젖을 먹여 키우는 동물이에요. 또 숨을 쉴 때는 물고기처럼 아가미로 숨을 쉬지 않고 허파로 공기를 들이마셔 숨을 쉬지요. 그래서 물속에서 헤엄을 치다 물 위로 떠올라 숨을 들이쉬고 다시 물속으로 들어가 헤엄을 쳐요.
숨을 들이쉬고 물속에 머무는 시간은 고래마다 조금씩 달라요. 작은 고래는 3~10분, 큰 고래는 30~80분 정도 되지요.
물속에서 헤엄을 치던 고래는 숨이 차면 물 위로 떠올라 참았던 숨을 내뱉어요. 이때 콧구멍의 홈과 주위에 고여 있던 물이 거센 숨결에 분수처럼 뿜어져 올라가게 된답니다. 고래가 물을 뿜는 것처럼 보이는 것은 바로 이 때문이에요.

신기한 바다 생물 127

Ⅲ 알쏭달쏭 바다

바다를 탐사하고 싶다고요?
우리나라 바다는 어디까지냐고요?
알쏭달쏭한 바다에 대한
궁금증을 풀어 볼까요?

57 바다를 탐험하기 시작한 것은 언제인가요?

바다를 탐험하기 시작한 것은 아주 오래전부터예요. 기원전 2500년쯤부터 이집트와 바빌로니아 상인들이 인도양이나 지중해 등으로 여행을 했어요. 그러나 튼튼하고 큰 배와 항해를 하는 데 필요한 항해 도구들을 가지고 본격적으로 바다를 항해하기 시작한 것은 15세기쯤부터예요.

대표적인 탐험가는 바스쿠 다 가마예요. 포르투갈의 항해사로 포르투갈에서 아프리카 남쪽 끝에 있는 희망봉을 돌아

인도까지 갔어요.
1492년, 이탈리아의 콜럼버스는 인도를 찾아 가다
아메리카를 발견했어요. 콜럼버스는 죽을 때까지
아메리카가 인도인 줄 알았다고 해요. 그 뒤
이탈리아의 탐험가 아메리고 베스푸치가
1507년 『신세계』라는 책을 썼는데,
이 책이 유럽에 널리 읽혀지면서 당시의
신대륙 (지금의 아메리카 대륙)을
그의 이름을 따 아메리카라고
부르기 시작했어요.
1520년 포르투갈의 마젤란은
3년 동안 서쪽으로 계속 항해를
하여 포르투갈로 돌아왔어요.
이로 인해 지구가 둥글다는
사실이 확인되었어요.

58 바다 생물들이 멸종 위기에 놓인 이유는 무엇인가요?

공장에서 내보내는 폐수, 농장에서 버리는 비료·농약, 가정에서 버리는 생활하수, 사람들이 버리는 쓰레기 등으로 바다는 오염되고 있어요. 바닷물이 오염되다 보니 바다 생물들은 병이 들어 죽어가고 있어요.
또 사람들이 바다 생물을 마구 잡아들이는 바람에 더 이상 종족을 번식시키지 못하고 멸종될 위기에 놓였어요. 대표적으로 고래는 거의 멸종될 위험에 빠져 있어요. 그래서 전 세계 여러 나라에서 고래를 함부로 잡지 못하도록 국제적으로 법을 만들어 놓았어요. 또 산호초도 빠르게 사라지고 있어요. 건축 자재로 쓰려고 산호초를 마구 채취하고, 지구 온난화로 해수면이 높아지면서

산호초가 줄어들기 때문이에요.
바다 오염으로 거북도
이제는 해안가에서
살지 못하게 되었어요.

59 잠수정이 뭐예요?

잠수정은 40톤 정도의 크기에 1~5명이 탑승하는 잠수함을 말해요.
그럼 잠수함은 무엇일까요? 잠수함은 100명 정도의 사람이 탈 수 있을 정도로 어마어마하게 크고 물속을 잠기어 가면서 적을 공격하거나 적의 움직임을 몰래 살피는 일 등을 하는 전투용 배예요.
맨 처음 잠수정을 만든 것은 제2차 세계대전 전에 영국·독일·일본·이탈리아 해군이에요. 만든 목적은 정박 중인 적국의 함선을 비밀리에 기습 공격하기 위해서였어요. 그러나 오늘날의 잠수정은 바닷속을 탐험하면서 바다 생물을 관찰하고, 바닷속을 연구하며, 침몰한 배를 끌어올리고, 승무원들을 구조하는 일 등을 하고 있어요. 잠수정은 사람이 직접 타고 조정할 수 있지만, 사고가 발생하면 위험할 수도 있어요. 그래서 지금은 잠수정에 사람이 타지 않고 배나 땅에서 물속의 잠수정을 조정할 수 있는 무인 잠수정이 개발되고 있어요.

60 잠수병이 뭐예요?

잠수병은 잠수부들에게 생길 수 있는 병이에요. 잠수부들이 바닷속 깊이 들어가면 물속의 높은 압력 때문에 몸 안에 있던 질소가 핏속으로 녹아들어가요. 그런데 잠수부가 물속 깊은 곳에서 빠르게 물 위로 올라오면 몸에 받던 수압이 갑자기 낮아져 핏속에 방울이 생겨요. 이 방울들이 핏줄을 따라 흐르다 골이나 척추 속에 모여 혈관과 뼈 조직을 막을 수 있어요. 그러면 피부가 가렵고 관절이 쑤시며, 숨 쉬는 것도 힘이 들게 돼요. 심하면 몸이 마비되고 생명을 잃을 수도 있답니다.

하지만 바닷속에서 천천히 올라오면 핏속에
녹아 있는 질소가 허파를 통해
빠져나가기 때문에 잠수병에
걸리지 않는답니다.

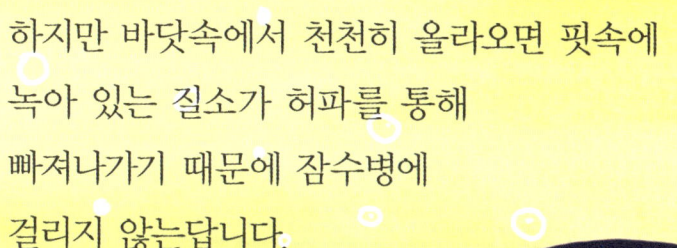

61 깊은 바다에 들어갈 때 왜 잠수복을 입나요?

사람이 맨몸으로 바다 깊이 들어가는 것은 불가능해요.
오래도록 숨을 참을 수 없고, 깊은 바닷속은 온도가
낮아 무척 춥고 수압이 높기 때문이에요.
잠수복은 이러한 점들을 이겨 낼 수 있도록 만든 옷이에요.
가볍고 보온이 잘되는 고무로 된 잠수복은 물속에서
숨을 쉴 수 있도록 압축 산소통과 눈, 코를 가리는
유리 마스크가 달려 있어요.
아주 깊은 바다를 잠수할 때는 우주복처럼 생긴 잠수복을
입어요. 이 잠수복은 깊은 바다의 강한 수압을 견뎌내는 데
안성맞춤이지요. 하지만 어느 잠수복도 완전하게 체온을
따뜻하게 유지시켜 주지는 못해요. 바닷물은 사람의
체온보다 높지 않으니까요.

62 잠수를 오래하면 왜 어지러운가요?

잠수복을 입고 잠수를 할 때 반드시 압축된 공기통을 등에 메고 물속으로 들어가요. 이 압축 공기에는 질소 가스가 들어 있어요. **물속으로 깊이 들어가 수압이 높아지면 들이마신 질소 가스는 핏속으로 녹아 들어간답니다. 그런데 핏속에 질소 가스의 양이 많아지면 질소 마취 현상이 일어나요. 머리가 어지럽고 몸이 방어 능력을 잃어버리게 되지요.** 이러한 증상은 대개 30미터 이상 잠수하면 나타나요. 그래서 이런 현상이 나타나지 않도록 바다 깊이 잠수할 때는 압축 공기 대신 적당한 양의 산소를 섞은 헬륨 가스를 이용한답니다.

63 바다를 항해할 때 필요한 것은 무엇인가요?

바다를 항해할 때 가장 필요한 것은 해도예요. 해도에는 큰 바다, 항만, 섬의 모양, 바다의 깊이, 항로, 암초와 같은 장애물의 위치 등등이 자세하게 축소되어 그려 있어요. 지금은 종이에 그린 해도보다도 컴퓨터에 나타나는 해도를 사용하고 있어요.

그 다음은 바다의 위도를 계산할 수 있는 육분의가 필요해요. 경도를 측정하는 기구인 크로노미터도 필요해요. 크로노미터는 표준 시각과 다른 지역의 정오 시각을 비교하여 경도를 측정하는 기계예요.

먼 거리를 항해하는 배는 로란을 설치하기도 해요. 한 쌍의 송신기로 전파 신호를 쏘아 배의 위치를 알 수 있는 장치예요. 또 어떤 배는 레이더를 설치하여 레이더 화면에 나타나는 점으로 바다에서 나타나는 다른 배의 위치나 빙산, 또는 암초의 위치를 미리 알기도 해요.

그 밖에 인공위성이 보낸 신호로 위치를 알 수 있는 위성 항법 장치인 지피에스(GPS)를
이용하기도 해요.

육분의

크로노미터

64 바다를 탐사할 때 필요한 것은 무엇인가요?

첫 번째는 수중 음파 탐지기예요. 배에서 바닷속으로 소리를 쏜 뒤 그 소리가 되돌아오는 속도로 바다 깊이를 재는 기계예요.

두 번째는 채수기예요. 채수기는 물을 채집하여 바닷물의 온도를 재거나 소금의 농도를 조사하는 데 쓰여요.

세 번째는 측정기예요. 측정기를 바닷물 속에 넣으면 바닷물의 온도와 깊이, 소금의 농도, 산소의 양, 바닷속으로 들어오는 햇빛의 양 등이 자동으로 측정돼요.

네 번째는 표류 부표예요. 표류 부표는 바다 위를 떠다니면서 바닷물의 표면 온도와 해류에 대한 정보를 주어요.

다섯 번째는 잠수정이 에요. 깊은 바다 밑의 사진을 찍고 표본을 모으는 일을 해요. 이러한 것은 잠수정에 달린 수중 사진기와 로봇 팔 덕분에 가능하답니다.

그 외 인공위성이 찍은 바다 사진으로 바다의 표면 온도와 플랑크톤이 집중되어 있는 곳을 알 수 있어요.

65 바다에서 나는 자원은 어떤 것이 있나요?

바다에는 2만 5,000종이 넘는 물고기가 있어요. 우리는 물고기를 잡아 맛있는 음식으로 요리를 해 먹어요. 바다에서 영양이 풍부한 동물성 단백질을 얻고 있는 것이지요.
또 미역, 김, 다시마와 같은 맛있는 해조류가 있어요.
이뿐만이 아니에요. 바닷속에는 금, 망간, 니켈 같은 광물 자원이 숨어 있어요. 특히 금은 많은 양이 바닷속에 묻혀 있답니다.
이게 다냐고요? 아니에요. 공장을 돌리고 자동차를 움직이는 데 꼭 필요한 에너지인 석유와 천연가스가 바다 속에 묻혀 있어요.
어때요? 바다는 그야말로 보물 창고이지요? 보물 창고의 보물이 마르지 않도록 우리 다함께 바다를 보호하도록 해요.

66 바다에서 나는 물질 중 가장 중요한 것은 뭔가요?

바다에서 나는 물질 가운데 가장 중요한 것은 소금이에요. 소금은 짜기만 하고 별 맛이 없어요. 하지만 그 가치는 엄청나답니다. 왜냐하면 우리 몸속에는 적당한 양의 소금기가 들어 있기 때문에 늘 소금을 보충해 주어야 살 수 있기 때문이에요.

이렇게 귀한 소금을 얻는 곳이 바로 바다예요.

소금은 바닷물에 녹아 있어요. 그래서 바닷물을 가두어 햇볕에 말리면 하얀 소금을 얻을 수 있답니다. 바닷물을 가두어 소금을 얻는 곳을 염전이라고 해요.

67 발자국을 남기는 바다 생물은 무엇인가요?

바다 생물 가운데 발자국을 남기는 생물이 있다면 믿을 수 있겠어요? 말도 안 된다고요? 놀랍게도 그런 생물이 있어요. **바로 불가사리예요.** 불가사리의 발은 빨판처럼 생겼어요. 불가사리가 바위나 돌에 붙어 있을 때는 빨판에서 끈끈한 액체가 나와요. 끈끈한 액체 덕분에 불가사리는 몸을 고정시킬 수 있는 거지요. 하지만 어디론가 자리를 옮길 때는

빨판에서 끈끈한 액체를 없애는 물질이 나와요. 그래서 다른 곳으로 옮겨갈 수 있답니다.
이렇게 **한곳에 머물러 있던 불가사리가 다른 자리로 옮겨가고 나면 그 자리에 둥그런 발자국이 생긴답니다.**

68 세상에서 눈이 제일 큰 동물은 무엇인가요?

누가 왕방울만 한 눈을 가지고 있을까요?
음매~ 하고 우는 소일까요?
아니에요. 세상에서 제일 큰 눈을 가지고 있는 것은
대서양에 살고 있는 대왕오징어예요.
대왕오징어는 전체 몸길이가 12.5미터나 돼요.
큰 몸에 걸맞게 눈은 지름이 30~40센티미터쯤 돼요.
짐작이 안 된다면 자를 가지고 어느 정도 크기인지
가늠해 보세요. 정말 어마어마하게 크지요?
참고로 가장 작은 오징어는 꼬마오징어예요.
몸길이는 겨우 2.5센티미터밖에 안 돼요.

꼬마오징어가 대왕오징어를 만나 악수라도 한다면 고목나무에 매미가 붙어 있는 격일 거예요.
상상만 해도 재미있지요?

69 어떻게 바다에서 석유가 나오나요?

석유는 자동차를 움직이고, 공장을 움직이고, 기계를 움직이고, 추운 실내를 따뜻하게 덥히는 데 없어서는 안 되는 연료예요. 그런데 어떻게 석유가 바다에서 나오게 된 걸까요? 아주 오래전 바다에 살던 생물들이 죽어 가라앉자 그 위에 진흙이 쌓였어요. 또 바다 생물이 죽자 그 위에 흙이 쌓였고, 이러한 일이 여러 번 되풀이되었어요. 그러자 땅은 단단한 층을 이루게 되었어요. 그리고 아주 오랜 시간이 지나자 어느 순간 땅속 깊은 곳은 강한 압력과 땅속의 열을 받아 액체 상태로 변하게 되었어요. 이 액체가 바로 석유예요.
그런데 석유는 언제까지나 캐내어 쓸 수 없어요. 지금처럼 쉬지 않고 캐내다 보면 앞으로 50~60년 뒤에는 한 방울도 나오지 않을 거라고 해요.

 조금 더 알기!

석유를 태우면 이산화탄소라는 물질이 나와요. 이산화탄소는 지구의 공기를 오염시키는 해로운 물질이랍니다. 그래서 전 세계는 석유를 대신하되 환경을 오염시키지 않는 새로운 에너지를 만들어 내는 데 힘을 쏟고 있답니다.

석유

70 바다는 어느 나라나 가질 수 있나요?

바다를 가질 수 있는 것은 바다에 접하고 있는 나라뿐이에요. 오늘날 135개 나라가 자기 나라의 바다를 가지고 있어요. 하지만 바다에 접하고 있는 나라라고 해서 망망대해 전체를 가질 수는 없어요. 그러다가는 나라들끼리 분쟁이 일어날 테니까요.

바다에 관한 것은 전 세계가 국제적으로 정한 「유엔해양법협약」을 따르고 있어요. 이 법에서는 썰물 때 육지와 바다가 만나는 곳에서부터 바다 쪽으로 12해리(22.22킬로미터)까지만 그 나라의 바다로 정하고 있어요. '해리'는 바다의 거리를 재는 단위로, 1,852미터가 1해리랍니다. 그래서 우리나라의 경우도 바다 쪽으로 12해리까지가 우리의 바다, 즉 우리의 영해랍니다.

71 공장의 폐수가 바다로 들어가면 왜 안 되나요?

폐수는 공장에서 쓰고 버리는 물을 일컫는 말이에요. 공장에서 버리는 폐수에는 수은, 구리, 납, 카드뮴 등과 같은 중금속이 많이 들어 있어요. **중금속은 아주 적은 양이라도 우리 몸에 들어오면 몸 밖으로 나오지 않고 몸 안에 쌓여 건강을 해친답니다.** 예를 들어 우리 몸속에 수은이 쌓이면 운동 장애, 언어 장애, 난청, 심하면 사지가 마비되어 죽을 수도 있어요. 또한 납은 신경과 근육을 마비시키고 카드뮴은 폐암을 일으킬 수 있으며, 뼈를 무르게 한답니다. 공장에서 나오는 폐수가 바다로 들어가면 바닷가 갯벌에 중금속이 쌓이게 돼요. 갯벌에 사는 조개와 고둥, 물고기 등은 중금속이 든 흙을 먹게 되고요. 그러한 바다 생물을 사람이 먹으면 몸에 중금속이 쌓이게 된답니다. 공장의 폐수뿐만이 아니고 광산에서 흘러나오는 물과 쓰레기 매립장에서 나오는 물에도 중금속이 많이 있답니다.

조금 더 알기!

일본의 미나마타 만 부근 공장에서 수은이 포함된 폐수를 바다로 흘려보내 바다가 오염되었어요. 이로 인해 갯벌이 오염되었는데, 이곳에서 잡은 어패류를 먹은 많은 주민들이 수은 중독으로 죽었어요. 그래서 이 병의 이름을 미나마타병이라고 해요.

72 바다에 잠기는 섬이 있다고요?

사람이 살고 있는 섬나라 가운데 점점 물에 잠기고 있는 곳이 있어요. 남태평양 서쪽에 있는 투발루라는 섬이에요. 세계에서 네 번째로 작은 나라인 투발루는 9개의 섬으로 이루어진 섬나라로, 인구는 약 9,000명 정도예요. 투발루 섬은 해발(해면으로부터 계산한 육지나 산의 높이) 고도가 3미터 정도밖에 안 되는 섬이에요. 그런데 지구 온난화로 남극의 얼음이 녹으면서 서서히 해수면이 높아지고 있어요. 이러한 상태가 2100년까지 계속되면 투발루의 해수면은 88센티미터 정도 올라가게 돼요. 그러면 투발루 섬은 물에 잠기게 될 거예요. 그래서 투발루의 많은 사람들이 뉴질랜드로 이민을 가고 있어요.

앞으로 남은 시간은 90년 정도예요. 투발루를 위해서뿐만 아니라 전 세계인들을 위해 지구 온난화를 막을 수 있는 지혜를 모아야 할 때예요.

73 비가 많이 오는데 왜 바닷물은 넘치지 않나요?

해마다 여름이면 비가 많이 오는데 왜 바닷물은 넘치지 않고 늘 그대로인가요? 우리들 몰래 어디론가 사라지고 있는 걸까요? 맞아요. 바닷물은 매일 조금씩 사라지고 있어요. 어디로 사라지냐고요? 바로 공기 중으로 사라지고 있답니다. **바닷물의 맨 위쪽은 햇빛을 받아 끊임없이 수증기로 변하고 있어요.** 특히 날이 더운 여름날에는 더욱더 활발히 수증기로 변해 하늘로 올라간답니다. 하늘로 올라간 수증기는 모이고 모여 크기가 커지면 비나 눈이 되어 땅으로 내려요. 내린 비나 눈은 다시 바다로 흘러 들어간답니다. 이러한 과정이 되풀이되기 때문에 바닷물은 늘지도 줄지도 않고 그대로 있는 거예요.

74 적조가 뭐예요?

적조는 바닷물에 플랑크톤이 너무 많이 번식되어 바다색이 붉게 보이는 거예요. 한마디로 바닷물이 썩었다는 것을 보여 주는 거지요.

적조가 일어나는 원인은 한 가지예요. 바닷속에 영양분이 너무 많아져 그 영양분을 이용해서 광합성을 하는 식물성 플랑크톤이 많아졌기 때문이에요.

식물성 플랑크톤 가운데서도 붉은빛이나 갈색을 띠는 것이 많아지면 바닷물색이 붉게 보여요.

식물성 플랑크톤은 물고기의 아가미에 붙어 물고기가 숨을 못 쉬게 해요. 그럼 물고기는 죽을 수밖에 없지요. 또 많은 식물성 플랑크톤이 죽어 있는 물은 산소가 부족해지기 때문에 물고기가 숨을 쉬지 못해 죽는답니다. 만일 양식장에 적조가 생긴다면 많은 물고기가 떼죽음을 당하게 되지요.

적조가 생기지 않게 하려면 공장의 폐수, 농장의 폐수, 사료를 쓰는 양식장의 물, 생활하수 등을 깨끗이 걸러 바다로 보내야 해요. 폐수 속에는 영양분이 많이 들어 있기 때문에 바다로 그냥 흘러 들어가면 식물성 플랑크톤의 발생을 왕성하게 하기 때문이에요.

75 남극의 얼음이 모두 녹으면 어떻게 되나요?

지구는 옛날보다 더워졌어요. 매일 조금씩 온도가 높아지고 있기 때문이에요. 왜 그럴까요? 숲은 줄고, 공기 중에 석유와 석탄 등의 연료에서 나오는 이산화탄소의 양이 많아졌기 때문이에요. 또 냉장고, 에어컨 등에 들어가는 프레온 가스가 공기 중에 많기 때문이에요. 거기다 공기 중에 떠 있는 수증기의 양도 예전보다 많아졌어요. 이산화탄소, 프레온 가스, 공기 중에 있는 수증기 등은 지구에 차 있는 열을 빠져나가지 못하도록 붙잡는 성질이 있어요. 그래서 지구의 온도가 점점 높아지고 있답니다. 이것을 '지구 온난화'라고 해요.
지구 온난화로 남극의 얼음이 녹고 있어요. 남극은 땅 위가 얼음 덩어리로 뒤덮여 있는 곳이에요. 지구 전체에 있는 얼음의 거의 대부분이 남극에 있다고 해도 될 정도로 어마어마한 양이랍니다. 이렇게 거대한 양의 남극 얼음이 모두 녹는다면 지구는 큰 위험에 빠지게 돼요. 녹은 얼음물이 모두 바다로 흘러들어가 바닷물의 높이가 지금보다 60미터는 높아지게 되거든요. **그러면 전 세계 해안가의 도시는 바다가 되고, 섬으로 이루어진 나라는 모두 물에 잠기게 된답니다.**

76 쓰나미가 뭐예요?

바닷속에서 지진이 일어나면 아주 엄청난 힘을 가진 파도가 일어요. 이 파도가 바로 쓰나미예요. 쓰나미는 일본말이며, 우리말로는 '지진 해일'이라고 해요.
일본은 지진이 많이 일어나기 때문에 보통 바다의 폭풍 해일과 구분하기 위해 지진 해일이라는 뜻의 '쓰나미'라는 말을 쓰기 시작했어요. 그 뒤 전 세계가 이 말을 쓰고 있답니다.
실제로 2004년 12월 26일에 인도, 태국, 말레이시아, 몰디브 등 동남아시아 여러 나라에 강력한 쓰나미가 육지를 덮쳐 수많은 사람들이 목숨을 잃었어요.

77 엘니뇨는 뭐고 라니냐는 뭐예요?

'엘니뇨'는 태평양 지역의 바닷물 온도가 평년보다 0.5도 이상 높아진 것이 6개월 넘게 계속되는 것을 말해요. '라니냐'는 엘니뇨와 반대로 바닷물의 온도가 0.5도 이상 낮아진 것이 5개월이 넘게 계속되는 것을 말해요. 엘니뇨는 에스파냐 말로 '남자아이' '아기 예수'라는 뜻이에요. 엘니뇨 현상이 크리스마스 즈음에 나타나서 이렇게 붙였다고 해요. 라니냐는 에스파냐 말로 '여자아이'라는 뜻이에요. 엘니뇨 현상이 일어나면, 어획량이 줄고, 중남미 지역에 폭우나 홍수가 일어나며, 호주 부근은 가뭄이 심해져요.

라니냐 현상이 일어나면 인도네시아, 필리핀 등의
동남아시아는 장마가 오고, 남아메리카는 가뭄이 들며,
북아메리카에는 강추위가 오는 등 기상 이변이
일어난답니다.

초판 1쇄 발행 2024년 8월 1일

발행인 최명산　**글** 해바라기 기획　**그림** 김진호
디자인 토피 디자인실
펴낸곳 토피(등록 제2-3228)　**주소** 경기도 고양시 덕양구 항동로 201, 지엘 메트로시티 1116호
전화 (02)326-1752　**팩스** (02)332-4672

이 책은 저작권법에 따라 보호받는 저작물이므로 무단 전재와 무단 복제를 금지합니다.
ⓒ2024, 토피 Printed in Korea
ISBN 979-11-89187-29-3

이 도서의 국립중앙도서관 출판시도서목록(CIP)은 서지정보유통지원시스템(http://seoji.nl.go.kr)과
국가자료공동목록시스템(http://www.nl.go.kr/kolisnet)에서 이용하실 수 있습니다. (CIP제어번호 : 2015028277)